अश्कों से शब्दों तक

स्पर्नों सक्सेना

प्रथम संस्करण: जुलाई 2022
भारत में मुद्रित

टाइप : कोकिला

ISBN: 978-93-94603-45-5

आवरण रचना: विश्वजित सिंग

प्रकाशक :   स्टोरीमिरर इंफोटेक प्राईवेट लिमिटेड,
               145, पहला माला, पवई प्लाझा,
               हीरानंदानी गार्डन्स, पवई,
               मुंबई-400076, भारत

Web: https://storymirror.com
Facebook: https://facebook.com/storymirror
Instagram: https://instagram.com/storymirror
Twitter: https://twitter.com/story_mirror
Email: marketing@storymirror.com

सादर समर्पित

सीमा सक्सेना, राकेश कुमार वर्मा

अश्कों से शब्दों तक
की रचना और स्पर्ना सक्सेना

कुमारी स्पर्ना सक्सेना का इस संसार में अनुभव बहुत व्यापक है, वे बहुपठ के साथ-साथ बहुश्रुत भी हैं, जितना मन लगाकर पढ़ती हैं उतने ही मन से सुनती हैं और तब लिखती हैं। इन काव्य रचनाओं में उनकी सूक्ष्म-निरीक्षण शक्ति और संवेदनशीलता के साथ ही सहित्यिक समझ भी अच्छी-खासी दिखाई देती है। ये इनकी पहली रचना है, जिसमें इन्होने समाज की कुरीतियों और अपने नजरिए के अनुभव को शब्दों में पिरोने की कोशिश की है। स्पर्ना के नजरिए से अभी भी इस समाज में बहुत सी कुरीतियों को बदलने की जरुरत है। स्पर्ना का यह मानना है कि आज के इस मायावी दुनिया में लोग सिर्फ दिखावे के तौर पर आधुनिक हुए हैं, जब भी उनकी अपनी बात आती है वे समाज, व्यवस्थाएं, संस्कृति और मानवीय आचरण के मोह में घिरे हुए नजर आते हैं और अंत में परंपरा की दुहाई देते हुए खुद की सोच को प्रबल बनाने में गौरवान्वित महसूस करते हैं। इतने वर्षों के बाद भी समाज में सिर्फ उपकरण बदले हैं, साधन बदले हैं, पर रिश्तों को देखा जाए तो आज भी हकीकत वही है जो हमारे दादा-दादी के समयकाल में था, यहाँ सभी फरेब के चादर में लिपटे हुए नजर आते हैं।

काव्य लेखन और पठन एक तरह की लठैती ही है। समाज की वास्तविकता, रिश्तों के नाम पर हो रहे फरेब, उन लम्हों को जीने और इस बीच होने वाले दर्द को समाज में काव्य के जरिए प्रस्तुत करने का चलन सदियों से प्रचलित है। इस समाज ने पीढ़ियों से बेटियों को जिस दिखावे के झूठ तले दबा रखा था, जिस प्रकार बेटियों को समाज में डरा कर रखा गया, उसी डरावने, भयंकर और कुरूप छवियों को आइना दिखने की कोशिश स्पर्ना द्वारा की गयी है।

स्पर्ना के ये काव्य रेखाचित्र कहे जाएंगे। काव्य का मूल स्वर लिए ये रचनाएं एक चौकीदार की भांति समाज को जगाने का कार्य करेंगी। इस काव्य की संरचना ऐसी है कि पढ़ते वक़्त आपको प्रतीत होगा मानो रचनाएं बोल रही हों, आप इसे खुद से जुड़ा हुआ पाएंगे। स्पर्ना के इस काव्य संग्रह में समाज की नजरों से ओझल या फिर यूँ कहें कि नजरअंदाज की गयी घटनाओं को शब्दों के माध्यम से आपके समक्ष रखा गया है, हर उस दर्द को संदर्भित करने का प्रयास किया गया है जिसकी इस समाज में कोई बात नहीं करता, दर्द वो जो पिता के देहावसान के बाद केवल एक भाई/पुत्र महसूस करता है, पीड़ा वो जो प्राणाधार के पंचतत्व विलीन होने पर अर्धांगिनी को होती है, व्यथा वो जो स्त्री अपने रिश्ते में महसूस करती है, इन गंभीर परिस्थितियों को संवेदनशीलता के साथ व्यक्त करने की कला आपको इस रचना में मिलेगी।

स्पर्ना ने लिखना तब शुरू किया जब वे अध्ययन के दिनों में मुश्किल हालात से गुजर रही थीं, सहपाठी तो थे पर मित्र नहीं थे, फिर कोरे कागज और अवलेखा से मित्रता हो गयी और लिखने का सिलसिला शुरू हो गया। दूसरों की व्यथा को शब्दों में उतारते-उतारते ये आभास ही नहीं हुआ कि कब वो इनके हो गए। पिता के देवलोक निवासी होने के पश्चात जब उनकी माँ से श्रृंगार और अस्मिता को समाज ठेकेदारों द्वारा तार-तार कर दिया गया, तब यह बोध हुआ कि समाज में आज भी बड़े और अहम् बदलाव की अनिवार्यता है।

कहते हैं दर्द का कोई बाजार नहीं होता
मुफ्त भी बिके तो कोई खरीदार नहीं होता
लफ़्ज़ों से ये दर्द बयां हर बार नहीं होता
आँखों से अब इस दर्द का व्यापार नहीं होता
कहते हैं दर्द का कोई बाजार नहीं होता
मुफ्त भी बिके तो कोई खरीदार नहीं होता!

शांता कुमार उपाध्याय
हिंदी पत्रकार

अनुक्रम

कामयाबी

अगर केवल मेहनत और हुनर से पूरे होते सपने,

तो सरकार... आज कोई कलाकार, तमाशेबाज़ न होता!

पर कुछ तो खास रहा होगा उनमें, जिन्हे लोग कामयाब कहते हैं!

खेले साथ थे हम, सीखा साथ था हमने,

उस्ताद हम नहीं थे, तो अव्वल वो भी नहीं थे;

फिर किस्मत का कोई खेल था या मुद्रा का कोई नया चमत्कार,

जो उनके हुनर की ताजपोशी हुई, हम जैसे हज़ारों को आज़माने के बाद!

इम्तिहान हमारा था, अरदास में लब उनके हिल रहे थे,

आज़माइश उनकी थी, दुआ में हाथ हमारे उठ रहे थे,

फिर ना जाने कहाँ बिछड़ गए हम,

शायद अरदास और दुआ के बीच का फर्क समझ गए हम,

वक़्त बढ़ता गया, वो बदलते गए

हम चमकते सितारों से ठहरे रहे, वो चंचल चाँद से चलते गए।

हम नाकामयाबियों के दौर से गुज़रते रहे,

वो कामयाबियों के नशे में मचलते रहे ...

और आज....

हज़ारों की भीड़ है उनके जनाज़े में, चंद लोग हमें भी विदा दे रहे हैं

मिट्टी उन्हें नसीब हुई है, तो ख़ाक में हम भी मिल रहे,

बस फर्क सिर्फ इतना है...

उनकी हज़ारों की भीड़ में कोई शख़्स तड़पा ना है,

हमारी छोटी सी महफ़िल में हर शख़्स टूटा सा है

भीड़ को ग़म है हुनर के जाने का, और महफिल में शोक है हमारे न होने का...

पर कुछ तो ख़ास रहा होगा उनमें, जो लोग उन्हें कामयाब कहते हैं!

सोचती हूँ

सोचती हूँ कि वो लम्हा कैसा होगा...

जब एक बार तुम फिर से मुझे बुलाओगे!

एक बार फिर मेरी आँखों से आँखें मिलाओगे!

बेशक वो लम्हा एक हसीं ख्वाब सा होगा

क्यूंकि उसमे हिसाब मेरे प्यार का होगा

सोचती हूँ..... सोचती हूँ कि वो लम्हा कैसा होगा?

जब एक बार फिर भरी भीड़ में तुम्हारी नज़रें केवल मुझी को ढूंढेंगी

और दूर खड़ी इस नाज़नी को आँखों से ही सब कह देंगी

बेशक वो लम्हा ज़रा खुशनुमा ही होगा

क्यूंकि एक बार फिर ज़माने के बीच ये इश्क़ जवां सा होगा

सोचती हूँ.....

सोचती हूँ कि वो लम्हा कैसा होगा

जब एक बार फिर मेरे बालों में पड़े सूखे पत्ते को अपने हाथों से हटाओगे

सड़क के बीच खड़े होकर मुझे गैरों से बचाओगे

बेशक वो लम्हा ज़रा नाज़ुक ही होगा

क्यूंकि मेरी पलकों पे एक हया का पर्दा होगा

सोचती हूँ.....

सोचती हूँ कि वो लम्हा कैसा होगा

ज़रा तसव्वुर से इंतज़ार है इस दिल को इन हंसी लम्हों का

क्यूंकि एक बस यही ख्वाब है इन लम्हों को एक बार फिर से जीने का

बस एक छोटा सा ख्वाब है इन लम्हों को एक बार फिर से जीने का....

हिम्मत

हार चुकी हूँ दुनिया अपनी
खोने को अब कुछ भी नहीं है...
जो गया वो अनमोल ही सही,
पर गंवाने को अब कुछ भी नहीं है!

ये पावं ज़रा थमे से हैं,
चलने का इनमें अब वो दम नहीं है...
बढ़े जो ये मंज़िलों की ओर...
हिम्मत का इनमें अब वो दम नहीं है!

हार चुकी हूँ दुनिया अपनी, खोने को अब कुछ भी नहीं है!

सपनों की वो हज़ारों इमारतें,
मिट्टी से बन, मिट्टी में मिली हैं...
बुन सकूँ ये इमारतें फिर उसी शिद्दत से,
ये भी मेरा अब हक़ नहीं है!

हार चुकी हूँ दुनिया अपनी, खोने को अब कुछ भी नहीं है!

नाकामियों की तस्वीरों सा झलकता है मेरा जीवन,
जीने का अब कोई मतलब नहीं है!
पर जीतने से पहले, हार जाऊं अपनी सासें..
ये इजाज़त भी मुझको अब नहीं है!

हार चुकी हूँ दुनिया अपनी खोने को अब कुछ भी नहीं है!

बिखरे हौसले बटोर के,
मंज़िल के फासले तोल रही हूँ...

निकलने को एक नए सफ़र पर,
जिसमे तेरा अब साथ नहीं है!

हार चुकी हूँ दुनिया अपनी खोने को अब कुछ भी नहीं है!

तेरे आदर्शों को आयतें समझ कर,
...याद रखती हूँ मैं!
तेरे संघर्षों से प्रेरणा लेकर,
...बढ़ती रहती हूँ मैं!
तेरी इंसानियत का सजदा कर,
सबको साथ लेकर चलती हूँ मैं!
क्योंकि अब तेरे अधूरे सपनों को,
अपना जीवन बना कर चलती हूँ मैं!

बेखोफ, बे-परवाह, आज़ाद हूँ मैं,
बिछड़ने का अब किसी से मोह नहीं है,
रोक सके मंज़िल की ओर बढ़ने से मुझे
दुनिया में ऐसा कोई अब ग़म नहीं है...

हार चुकी हूँ दुनिया अपनी खोने को अब कुछ भी नहीं है!

ख़ामोशी

ये जो तुम हर बात पर खामोश हो गए हो

ये तुम खामोश हो गए हो, या फिर कहीं खो गए हो

ये ख़ामोशी भी क्या चीज़ है ना, शब्दों से ज्यादा कह जाती है

...बताओ न कुछ पूछ रही हूँ!

पता है मुझे सुन रहे हो तुम

...यूँ खामोश होके न सुनने के खेल ना खेलो

चलो बहुत हुआ ये ख़ामोशी का नाटक, अब मेरी बातों का जवाब दो

...तुम अभी भी खामोश हो?

ये तुम्हारी ख़ामोशी डरा रही है, तुम्हें खो देने का ख्याल दिला रही है...

तुम्हे खो देने के ख्याल से ही डर लगता है और ये तो तुम्हारे ना होने का एहसास दिला रही है

तुम बोलते क्यों नहीं

बोलो

सुनो, बोलो न कुछ

कुछ बोलते क्यों नहीं ?

मैं कहे देती हूँ मैं रूठ जाउंगी और मैं चुप हो गयी तो अबकी मना ना पाओगे

चलो उठो तुम्हे यहाँ रहना पसंद नहीं न, तो नहीं रुकेंगे हम यहाँ

लो मान ली न तुम्हारी बात नहीं रोकती तुम्हे यहाँ मरीज़ों के बीच

घर चलते हैं

उसी आगाँन में जहाँ तुम्हे शाम में बैठना पसंद है, रात को जागना और सुबह को सोना पसंद है

उसी मयखाने में जहाँ मेरी ज़ुल्फ़ों से टपकता पानी मदहोश कर जाता है तुम्हें

और मेरे चेहरे पे आता पसीना भी बेचैन कर जाता है तुम्हें

उसी आशियाने में जहाँ हमने मिलकर सपने सजाये हैं, बेटी की शादी से

लेकर पोते की किलकारियों तक के ख़्वाब सजाये हैं

देखो ना, देखो ना ये लोग क्या कहते हैं

इस बेरहम ख़्वाब को हकीकत कहते हैं

अब ये ख़ामोशी शोर सी चुभ रही है मुझे

तुम्हारी नाराज़गियों से ज्यादा खल रही है मुझे

एक बार बस एक बार इस ख़ामोशी को तोड़ दो, एक बार फिर से मेरी बातों

पर रूठ कर बोल दो

एक बार मेरे सवालों का हंस कर जवाब दो, मेरी आँखों को पढ़ कर मेरे

जज़्बातों को जान लो

वादा है मेरा नहीं रूठूँगी तुम्हारी नाराज़गी से, नहीं भागूंगी तुम्हारी आशिक़ी से

पर एक बार बस एक बार आकर फिरसे मुझे थाम लो एक बार मेरे घर के

आँगन में मेरा नाम पुकार लो

बस एक बार....

ख़याल-ए-मोहब्बत

हाँ मेरे हर ख़याल में तुम हो!
हाँ मेरे हर ख़याल में तुम हो!

मेरी खुलती हुई नींद की खुमारी में तुम हो ...
मेरी झपकती हुई पलकों की लाचारी में तुम हो ...

हाँ, मेरे हर ख़याल में तुम हो!

मेरे इस दिल की नाराज़गी में तुम हो ...
मेरे इन लबों की सादगी में तुम हो ...

हाँ, मेरे हर ख़याल में तुम हो !

मेरी झुकी हुई पलकों की हया में तुम हो
मेरी खिलखिलाती हुई हंसी की अदा में तुम हो

हाँ, मेरे हर ख़याल में तुम हो!

मेरी इन रुस्वाइयों के क्रोध में तुम हो
मेरी इन तन्हाइयों के शोर में तुम हो

हाँ, मेरे हर ख़याल में तुम हो!

मेरी हर शायरी के अल्फ़ाज़ में तुम हो
मेरे हर मिसरे के जज़्बात में तुम हो

हाँ, मेरे हर ख़याल में तुम हो!

मेरे इश्क़ की धीमी आंच पर पकते हैं मेरे मिसरे
पर फिर भी, तेरे जोगी बनते हैं मेरे मिसरे

नहीं कहती कि मैं तुझसे बहुत दूर चली आयी हूँ

पर हाँ...
अब मैं खुद के बहुत करीब चली आयी हूँ

और हाँ

इससे पहले की तू ये सोचे कि मेरे हर जज़्बात में तू है
बता दूँ कि अब बस इन अलफ़ाज़ में तू है अब बस इन अल्फ़ाज़ में तू है!

न जाने क्यों

तेरी उन बेपाक हरकतों की चाहत,

आज भी दिल में बेख़ौफ़ हलचल मचाती हैं

कभी तेरे प्यार की बेवफाई, तो कभी तेरे इश्क़ में मिली रुस्वाई, मेरे इस दिल

को बेपनाह तड़पाती है

पर फिर भी न जाने क्यों, तेरी वो नापाक शरारतें... मेरे दिल को छू ही जाती हैं

वक़्त ने तेरे फरेब-ऐ-इश्क़ की हकीकत से क्या खूब रूबरू कराया है

मेरे प्यार में किये हर वादे का वजूद खोखला दिखाया है

कभी राँझा, कभी सलीम,

कभी मजनू, तो कभी फरहाद की मिसाल देने वाले

वक़्त ने, तेरी मुस्कान के पीछे किये गए हर छलावे से पर्दा उठाया है

पर फिर भी; न जाने क्यों, तेरी ये छलिये सी मुस्कान... मेरे दिल को छू ही

जाती है!

ज़िंदगी के जिस खेल में हम आपको बादशाह और खुद को रानी समझते रहे

उसी खेल में, महज़ एक प्यादे की तरह आप हमें हर वक़्त चलते रहे

ज़िंदगी के इस शतरंज की हर शिकस्त ने, हमे बहुत कुछ सिखाया है

और आपकी नामौजूदगी ने हमे कभी काफिर तो कभी शायर बनाया है

पर फिर भी; न जाने क्यों, आपकी मौजूदगी... मेरे दिल को छू ही जाती है!

मेरी ज़ुल्फ़ों की आगोश में बैठ कर, वो जिस दर्द की बात करते हुए भी तुम

डरते थे मैंने उस दर्द को हर पल में जिया है

इस दर्द को पीकर भी, हर लम्हा मुस्कुरा कर जिया है

क्यूंकि, कुछ अजब ही हैं ये मोहब्बत के रिश्ते,

हर बेवफा की तक़्दीर में है कुछ वाफ-ऐ-यार के किस्से।

वो शाम

तो बात कुछ यूँ है कि वो शाम नयी थी

लोग पुराने थे बादल काले थे और हम अपना दिल संभाले थे

ना उसने कुछ पूछा न मैंने कुछ पूछा

ना उसने कुछ कहा ना मैंने कुछ सुना

पर हमारी आँखों की अलग ही जुबां थी जिसमे शब्दों की ना कोई जगह थी

लोग पुराने थे बादल काले थे और हम अपना दिल संभाले थे

शाम ढल रही थी रात चढ़ रही थी

उड़ते पंछियों की तरह हम भी घर को निकल चले थे

पर रास्ता कुछ लम्बा था और उस शाम में उसका साथ भी

लोग पुराने थे बादल काले थे और हम अपना दिल संभाले थे

गरजते बादल बरसने को तैयार थे और हम आने वाले लम्हे से अनजान थे

बादल बरसे और पानी की बूंदों ने मानो बरसों से बंजर मेरे दिल की ज़मीन को छुआ

और उस दिन पहली बार हमने उनके गाने में बारिश की धुन सुनी

बस वो एक लम्हा था जिसमे हम अपना दिल हारे थे

तो बात कुछ यूँ है कि वो शाम नयी थी

लोग पुराने थे बादल काले थे और हम अपना दिल हारे थे!

बस पाँव थमने ही लगे थे

बस पाँव थमने ही लगे थे कि मेरे दिल में जल रही लौ फिर मशाल बन गयी

विचारो में चल रही कश-म-कश बेहिसाब बढ़ गयी

अपनों के चेहरे पर छलकती बेबसी

मेरे टूटे हुए हौसले की ज़मीन बन गयी

ख्यालों में पड़ी वो बेड़ियाँ फिर मेरे गले की ज़ंजीर बन गयी

बस पाँव थमने ही लगे थे कि मेरे दिल मे जल रही लौ फिर मशाल बन गयी!

घड़ियाँ कुछ कमज़ोर ही थीं वो

अमावस की काली रात सी थीं

बातें कुछ आघात सी थीं वो, ज़माने ने कही मज़ाक में थीं जो

ज़हरीली सी वो बोलियां तरकश से निकला तीर बन गईं

मेरे दिल में बसी वो नाकामियां फिर मेरे संघर्ष की नींव बन गईं

बस पाँव थमने ही लगे थे कि मेरे दिल मे जल रही लौ फिर मशाल बन गयी!

कुछ अपनों का ही बस साथ था

और ज़माने में झूठे रिश्तों का काफिला काफी आम था

मुस्कुराते चेहरों के बीच अपनों को पहचानना भी ना आसान था

आखिर हर किसी ने ओढ़ा यहाँ शराफत का नकाब था

मेरे रुकते हुए क़दमों से झूठे रिश्तों की तस्वीर बन गयी

मुबारक सी वो महफिलें मेरे रोने का त्यौहार बन गईं

बस पांव थमने ही लगे थे कि मेरे दिल मे जल रही लौ फिर मशाल बन गयी!

पर ढलते सूरज की तरह मेरी नाकामियों की भी शाम हुई है

और आज फिर एक सुबह मेरे हौसले की गुलाम हुई है!

एक बार बता दो मुझे

तुम मेरी जगह होते तो क्या करते एक बार बता दो मुझे

मैं तुम्हारी हर छोटी बड़ी चीज़ का ध्यान रखती

हर पसंद नापसंद का हिसाब रखती

तो क्या समझते तुम एक बार बता दो मुझे!

तुम मुझसे अपने जज़्बातों का इज़हार करते

और मैं उन्ही जज़्बातों से इकरार करती

तो क्या समझते तुम एक बार बता दो मुझे!

कुछ हसीं बातों के बाद कुछ चंद रातों के बाद

मैं उन्हीं जज़्बातों से इंकार करती

तो क्या समझते तुम एक बार बता दो मुझे!

मैं हमारी ही किसी दोस्त से बात करती

फिर उसी की पसंद नापसंद का ख़याल करती

तो क्या समझते तुम एक बार बता दो मुझे!

मैं तुम्हारे उन पाक जज़्बात का ना ख़याल करती

उनका हर किसी से इज़हार करती

तो क्या समझते तुम एक बार बता दो मुझे!

मैं सबके सामने तुम्हे शर्मसार करती

भरी महफ़िल में तुम्हे नज़र अंदाज़ करती

तो क्या समझते तुम एक बार बता दो मुझे!

पर हाँ, तुम मेरी जगह होते तो यूँ मुस्कुरा कर न जीते ज़िंदगी

सोचा एक बार बता दूँ तुम्हें

तुम मेरी जगह होते तो क्या करते एक बार बता दो मुझे!

मैंने यहाँ इंसानो को ईमान बदलते देखा है

मैंने यहाँ इंसानो को अलफ़ाज़ बदलते देखा है
हालात के साथ लोगों को जज़्बात बदलते देखा है
मैंने यहाँ इंसानो को ईमान बदलते देखा है!

क्या कहूँ उनकी जो लोग पराये हैं
घाव तो अपनों ने ही लगाए हैं
मैंने वक़्त के साथ इंसानो को रंग बदलते देखा है
अपनों को अपनों के लिए ज़हर उगलते देखा है
मैंने यहाँ इंसानो को ईमान बदलते देखा है!

पल तो हमने भी कई साथ बिताये हैं
पर न जाने फिर भी हम क्यों पराये हैं
मैंने मुश्किल वक़्त में अपनों को करवट बदलते देखा है
अपनों को अपनों के खिलाफ महफिलें सजाते देखा है
मैंने यहाँ इंसानो को ईमान बदलते देखा है!

यूँ तो ज़िंदगी में ज़ख्म कई खाये हैं
पर हर बार उन्हें भर निखर हम आये हैं
मैंने ज़िंदगी से हर रंग निकलते देखा है
अपनो के दामन से हर रंग उतरते देखा है
मैंने यहाँ लोगों को चेहरे पे चेहरा चढ़ाते देखा है
अपनों को अपनों के बीच दूर बिठाते देखा है
मैंने यहाँ इंसानो को ईमान बदलते देखा है!

छोड़ो मत छेड़ो बात अब उस वक़्त की
मैंने तो खुद को आईने में अश्रु भी पीते देखा है
टूटे हुए इस दिल को स्वपन संजोते देखा है
मैंने गैरों को अपनों के लिए जान भी देते देखा है
मैंने यहाँ इंसानो को ईमान बदलते देखा है!

अधूरे रास्ते

जब सर्द रातों में बढ़ रही थी चमकते चाँद की चांदनी,

मेरी खुली ज़ुल्फें, नरम बिस्तर पे बिखरा रही थी, मेरे रूप की रागनी...

तभी एक अश्रु की बूँद बह पड़ी

मेरी नम आँखों की ओट से

शायद वो तेरी याद थी,

जो रात की ख़ामोशी में बेतहाशा शोर मचा रही थ

तेरी याद...

जो दिन में मुझे सताती नहीं है

शायद तेरी तरह उसे भी पता है मेरी ज़िंदगी में फुर्सत कभी आती नहीं है

तेरी याद...

जो मुझे कभी छोड़ के जाती नहीं है

शायद तेरी तरह वो मुझे न छोड़ के जाने के झूठे वादे बनाती नहीं है!

तेरी मौजूदगी ने तेरे ज़िंदगी से चले जाने का ख़याल तक न दिलाया था

पर तेरी मौत ने मुझे ज़िंदगी के एक भयानक सच से रूबरू कराया था

"अकेले आये हैं और अकेले ही जायेंगे"

तेरी इस बात का मतलब मुझे अब समझ आया है

बहुत टूट सी गयी हूँ, तुम्हारे जाने के बाद

पर ज़िम्मेदारियों के एहसास ने कभी बिखरने की इज़ाज़त न दी है

बच्चों की परवरिश और घर की ज़रूरतों ने तेरी तरह कभी अकेला नहीं

छोड़ा है मुझे

बढ़ते वक़्त के साथ ये भी बस बढ़ती जा रही हैं

और तुझे दिन के उजालों में याद भी कर सकूँ ये हक़ भी मुझसे छीने जा रही हैं

तेरी नसीहतों को जीवन के उसूल बना के मैं भी बस चले जा रही हूँ
बच्चों का भविष्य उज्वल हो यही ख़्वाब बस बुने जा रही हूँ
तेरी अधूरी ज़िम्मेदारियों को अपना समझ कर इन्हे माँ और बाप दोनों का
प्यार बस दिए जा रही हूँ

यूँ तो तुझे गए बरस बीत चुके हैं
पर आज भी हर रात इस चांदनी की छाँव में
मेरी इन बंद आँखों के ख़्वाब में
मेरी रूह तेरी रूह के एहसास से महक उठती है
और बरसों से बस मेरी दुनिया हर दिन यूँ ही चहक उठती है !

कहते हैं

कहते हैं साथ जरुरी है जीने के लिए
पर क्या वही हाथ जरुरी है जीने के लिए?

कहते हैं अकेले गुज़रती नहीं है ये ज़िंदगी
पर क्या अकेले ढलती नहीं है ये ज़िंदगी?
चलो मान लिया कि अकेले बस कटती है ये ज़िंदगी
पर क्या उनके साथ हर पल हंसती है ये ज़िंदगी?

कहते हैं प्यार ही है रंग-ए-ज़िंदगी
पर वो भी आज कल है दर्द-ए-ज़िंदगी
कहते हैं प्यार में लोग दुनिया जीत लेते हैं
पर अक्सर लोग अपनी ही दुनिया हारते हैं प्यार में
चलो मान लिया कि एक अजब सा सुकून है प्यार में
पर क्या वो सुकून अकेलेपन में नहीं?

जहाँ ना किसी का इंतज़ार, ना किसी पर ऐतबार
ना किसी का हक़, न कोई शक
न किसी की तमन्ना, ना किसी के लिए तड़पना
जहाँ ख़ामोशी की भी एक अपनी ही जुबां है
दिल के किसी कोने में एक महफिल जवां है

एक बार अपने आप को, अपने आज से मिलकर तो देखो
क्यूंकि ढूंढ़ते हो जिस सुकून को तुम किसी के साथ में
वो छुपा बैठा है कहीं तुम्हारे ही पास में !

ज़िंदगी एक दौड़

एक तरफ़ वो दौड़ के माहिर खिलाडी हैं
दूसरी तरफ हम उसी दौड़ में पावं जमा रहे अनाड़ी हैं

कहते हैं प्रतिस्पर्धा बराबरी के स्तर की होती है
पर यहाँ तो जंग भी खिलाड़ी और मजलूम की होती है

मजलूम सुन के ये न समझियेगा कि जीत खिलाड़ी की है
धीरे चलने वाले ने भी वक़्त दिखाई होशियारी की है

वो खिलाड़ी थे खेलते रहे, हम अनाड़ी थे देखते रहे
पर उनके हर खेल से हम कुछ न कुछ सीखते रहे

वो माझी थे बढ़ते रहे, हम साथी थे ठहरे रहे,
अपने रिश्ते को बिखरे मोतियों की तरह संजोते रहे
ये तो ... एक अरसे तक चलने वाली जंग की शुरुआत थी
वो कदम कदम पर हमें छलते रहे
और हम उन्ही को साथ लेके चलते रहे

इस जंग की भी एक ख़ास बात है,
उनके हौसले की भी क्या दाद है
उनके बरसों का तज़ुर्बा हमें हर पल सिखाता रहा
हमारे तज़ुर्बे को हर पल बढ़ाता रहा

वो नज़रअंदाज़ करते रहे इस मज़लूम की हर चाल को
और हम नज़र में रखते रहे उस खिलाडी की हार बात को
अब उनकी हर चाल हमें कुछ न कुछ सिखा जाती है
हर कदम पे जीत ना सही पर बहुत कुछ बता जाती है

नहीं मालूम की इस जंग का क्या हश्र होगा
इस मज़लूम का ग़दर होगा या इसके हौसले का क़त्ल होगा
पर हाँ अब इस मज़लूम के कफ़न पे कई अपनों का दिल दफ्न होगा !

आज़ादी

तेरी नामौजूदगी ने इतना मज़बूत बना दिया है
कि अब तेरी मौजूदगी.... बंदिश सी लगती है
तेरे साथ रहना भी चाहूँ
तो तेरी वो बेफिक्री सी बातें मेरे दिल को बड़ा अखरती हैं!

अब अकेले ही महफ़ूज़ हैं हम,
कम से कम उस रोज़-रोज़ की घुटन से तो दूर हैं हम,
अब मायूस ही ठीक हैं हम
कम से कम उस हर पल की ज़िल्लत से तो दूर हैं हम

तेरी कमी मेरी ज़िंदगी में हमेशा रहेगी जानां....
पर मुझे पता है कि तेरे बिना मेरी जिंदगी में जीने की एक वजह रहेगी
जानां...
वादा है तुझसे.... ये वादा है तुझसे मेरा
कि मेरी ये नाक़ामियाँ हमेशा नहीं रहेंगी जानां....

एक लम्बे अरसे के बाद तुमसे मिलेंगे हम
फिर पूछेंगे, कहाँ थे तुम और कहाँ हैं हम
तेरी बाँहों की आगोश में रहने के वास्ते जो सपने छोड़ चुके थे हम
अब बस उनहीं सपनो को अपना बना के चल रहे हैं हम...

मंज़िलों का पता नहीं, पर इन रास्तों की उलझनें बड़ी अपनी सी लगती हैं,
ये मंज़िलों तक पहुंच की कशमकश मुझे अच्छी सी लगती है!
रिवाजों की ये बेड़ियाँ अब मुझे ज़रा कम ही जकड़ती हैं
उलाहनों की ये बोलियाँ भी अब मेरे कानो में ज़रा कम ही अखरती हैं

मुझे रोकने की हर कोशिश अब नाकाम सी है जानां
क्यूंकि तेरे प्यार में देखी वो हर हार मुझे याद सी है जानां

अब बस इंतज़ार रहेगा, तुमसे दुबारा मुखातिब होने का जानां
तब तक बस बुखार रहेगा, सफलता के आसमान को छूने का जानां !

जिम्मेदारी

ठोकरें खा कर भी वो चलता रहा

नन्हा सा बालक वो खिलौने को मचलता रहा

मखमल का सुख नामुकम्मल था उसको

पर वो तो एक नर्म बिछौने को भी तरसता रहा

ये किस्मत का कोई खेल है या जिंदगी का ही शायद फेर है

किसी का बचपन कोशिशों का एक ढेर है तो किसी का बचपन महज एक खेल है

दिन एक ही था दोनों के लिए पर किसी की मंजिल काम थी

तो किसी की मंजिल एक महफिल आम थी

छोटी सी उम्र में देखा उसने किस्मत का भयानक खेल था

पिता के साए से महरूम हुए उस नाबालिग ने देखा रिश्तों का फरेब था

अब ख्वाहिशों के आंगन में जिम्मेदारियों की धूप थी

क्यूंकि उसके घर में केवल एक वही रौशनी की उम्मीद थी

कोमल से हाथों में थामी जिम्मेदारी की डोर थी

जिंदगी ने एक पल में बदली कैसी ये तस्वीर थी

छोटी सी चाकरी से अब मिटती उसके घर की भूख थी

एक तरफ प्यार की तपिश तो दूसरी तरफ चिंताओं की ओसथी

किताबों की महक से वो बेशक महरूम था, पर रोटी की तड़प से वो क्या खूब वाकिफ़ था

हर दिन अब एक नया इम्तिहान था, भाई को पढ़ाने का छोटा सा ख्वाब था

जिंदगी यूँ तो बेहद हसीन है

किसी के लिए संघर्ष तो किसी के लिए ग़मगीन है

नहीं पता... हम किस बेबस की इकलौती उम्मीद हैं!

सजदा ए मोहब्बत

महबूबा ....

इतनी हस्ती नहीं हमारी कि आपकी बस्ती में रह सकें

क्या करें....

मखमल की पोशाक पे, टाट का पैबंद जरा अच्छा नहीं लगता

और बस इसीलिए शायद दुनिया को हमारा मिलना अच्छा नहीं लगता

महबूब..

पर सजदा ए मोहब्बत में रुतबे का रिवाज नहीं चलता

जानां, टाट की तपिश के बिना तो मखमल का लिबास भी नहीं बनता

महबूबा...

तेरी मोहब्बत का सजदा करती हूँ पर इस बेरहम दुनिया की रस्मों से डरती हूँ

कहीं दुनिया मुझे मतलबी न समझे, तेरे रुतबे के पीछे पड़ी एक कली न

समझे

बस इस रुसवाई से डरती हूँ

महबूब..

मोहब्बत में एहसास ए फ़िक्र के सिवा कुछ और अहमियत नहीं रखता

जानां ज़माने को तो खुदा का दीदार भी सच्चा नहीं लगता

महबूबा...

तेरे रुतबे का ज़माने भर में नाम है, तेरी मौजूदगी महफ़िलों की शान है

हमारे होने न होने से किसी को फर्क नहीं पड़ता, मर भी जाएँ तो जश्न में कोई

खलल नहीं पड़ता महबूब ...

तेरे साथ के बिना ये दौलत, ये रुतबा मुझे अहम् नहीं लगता

जानां प्यार के बिना तो महल भी घर नहीं लगता

महबूबा ..

तेरी आगोश में रहना मेरी जागती आँखों का ख्वाब है, पर इस दुनिया में वो जरा बेजान है

तेरे इश्क ने मुझको मुझसे मिलाया है, अपनी खामियों को अपनाने का हौसला दिलाया है

पर एक कनीज और शहज़ादे की मोहब्बत को दुनिया ने कब अपनाया है

महबूब ..

जानां,ज़माना बदल गया ...प्यार के तरफदारों से ये गुलशन महक गया है

हम अपनी छोटी सी दुनिया बसायेंगे, जहाँ तुम और मैं अपने प्यार की निशानी को लायेंगे ....

महबूबा...

काश! ये सपना सच हो पाता...तेरी आगोश में मेरा घर हो पाता

अब ख़ुदा के घर में ही मिलेंगे हम जानां...जहाँ प्यार में हैसियत का रिवाज़ नहीं चलता!

ममता का साया

तू जो चली गई हमसे रूठ के
बिन कहे बिन पूछ के

तेरी तस्वीर भी अब हम पर हंसती है
शायद वो भी हमारी बेबसी समझती है

आओगी तुम, अब ऐसी आस भी नहीं है
आखिर ख़ुदा के घर से वापसी का कोई रिवाज भी तो नहीं है

पर फिर भी बैठे हैं तेरे इंतज़ार में
बिन आस बिन प्यास के

तेरी आवाज़ अब हर जगह सुनाई देती है
तेरी डांट भी अब कोयल की कूक सी मीठी मालूम देती है

ढूंढती हूँ तुम्हें अब तुम्हारे ही संजोये सामान में
उसी सामान में... जिसे संजोने से ऐतराज था मुझे
तेरा घंटों उसमे उलझे रहना ना रास था मुझे

अब उसी सामन को पल पल रखती फिरती हूँ
तुम्हारी आलमारी को तुम्हारा साया समझ के लिपटती हूँ

तेरे होने से जिंदगी में हंसी थी मेरी
नखरे हज़ारों फिर भी परी थी मैं तेरी

खामियां तब भी थीं मुझमें, फिर भी तेरी नज़रों में बड़ी खरी थी मैं
अब ये दुनिया सबक सिखाती है मां, हर पल मुझे गलत बताती है मां
भरोसा तेरा मुझे समुन्दर पार करा देता था मां
आज हर शख्स मुझपे ही ऊँगली उठा देता है मां

अब हर पल मेरे गुणों अवगुणों की आज़माइश सी लगती है
क्यूंकि ज़माने को लगता है ये लड़की नहीं चजकी है

मेरी गलतियों की कतार उनकी नज़रों में भी लम्बी है
जो कभी कहते थे आपकी लड़की बड़ी अच्छी है

दुआ करने वाले अब भी कम नहीं हैं
भाई आज भी मुझसे तंग नहीं है

पर उनके हाथ में तेरे आंचल के साए सी बात नहीं है
उनसे मैं अपने दिल की हर बात बता सकूं आज भी वो हालात नहीं हैं
मुझे लाल जोड़े में सजा देखने की दिली खवाहिश थी तेरी
अब उस ख्वाहिश में पहले सी वो बात नहीं है ....

....जिंदगी अब भी चल रही है मां
तेरे एहसास से महरूम हो कर भी बढ़ रही है मां
पर सपनों के आसमान को छूने की ख्वाहिश अब नहीं है मां
...वो उत्साह वो उमंग वो हंसी अब नहीं है मां .
वो उत्साह वो उमंग वो हंसी अब नहीं है मां!

ज़ात और मोहब्बत

देखो वो मोहब्बत है मेरी पर ब्याहता किसी और की
देखो वो आरज़ू है मेरी पर हकीकत किसी और की

आँखों में अश्रु हैं मेरे नाम के पर मांग में सिन्दूर किसी और का
सीने में दिल है मेरे नाम का पर ये बेजान जिस्म किसी और का
देखो वो मोहब्बत है मेरी पर ब्याहता किसी और की!

देखो वो ब्याहता है मेरी पर मेहबूबा किसी और की
उसकी हकीकत हूँ मैं पर हसरत कोई और है
उसका सिन्दूर हूँ मैं पर मालिक कोई और है
यूँ तो लफ्जों में नाम है मेरा पर लबों की चाहत कोई और है
देखो वो ब्याहता है मेरी पर महबूबा किसी और की

वो मोहब्बत थी मेरी और मैं ब्याहता हूँ तेरी
ये कैसी कश-म-कश में खड़ी हूँ मैं
ना महबूब ना शौहर न किसी की रही हूं
ना ऐतबार उसे है मुझपे न ऐतबार तुझे है मुझपे
इधर देखूं तो बदनाम मेरी मोहब्बत है
उधर देखूं तो बर्बाद मेरी हकीकत है
ये कैसी ज़माने की रिवायत है
जात ने दिखाई जीते जी क़यामत है
जात ने दिखाई जीते जी कयामत है!

दोस्ती

मंजिलों की ओर बढ़ते हुए
ख्वाहिशों की राह पर चलते हुए
कुछ नाज़ुक धागे बंध ही जाते हैं
कुछ अहम् रिश्ते बन ही जाते हैं
कुछ पराये अपने बन ही जाते हैं!

मुश्किलों की आंच में जलते हुए
पहेलियों सी रात में जगते हुए
कुछ यार मरहम बन ही जाते हैं
कुछ पराये अपने बन ही जाते हैं!

ज़माने की सोच से लड़ते हुए
अपनों के फरेब से बचते हुए
कुछ दोस्त परिवार बन ही जाते हैं
कुछ पराये अपने बन ही जाते हैं!

फर्श से अर्श तक चलते हुए
नाकामियों के दौर से गुज़रते हुए
कुछ साथी आइना बन ही जाते हैं
कुछ पराये अपने बन ही जाते हैं!

खुद को खुद से खोते हुए
टूटे कांच से बिखरते हुए
कुछ लोग हौसला बन ही जाते हैं
कुछ पराये अपने बन ही जाते हैं!

विदाई

जिंदगी एक रास्ते के बाद, एक नया रास्ता बनाती चली गई

चले कुछ दूर हम अपनों के साथ तो ये नये रिश्ते बनाती चली गई वक़्त के साथ ये हर रिश्ते में ये बदलाव लाती चली गई

क्या बोलें हम किसी और को, ये तो मां को भी पराया बना के चली गई

जिंदगी एक रास्ते के बाद, एक नया रास्ता बनाती चली गई

मेरे हक़दार थे जो, ये उसने उन्हीं का हक दान करा गई

पल में बरसों का हक किसी और के नाम करा गई

क्या बोलूं अब....

ये तो अश्रु का दर्द पूछने का हक भी अपनों से दूर करा गई

जिंदगी एक रास्ते के बाद एक नया रास्ता बनाती चली गई

समय का खेल और समाज का इन्साफ तो देखो

एक बेटी को अपने ही घर में ये मेहमान बना गई

ससुराल तो आखिर ससुराल होता है

ये कह के उसके जिद करने के सारे अरमान ख़ाक करा गई

जिंदगी एक रास्ते के बाद एक नया रास्ता बनाती चली गई

नये रिश्ते संजोने की मसरूफियत में ये कई पुराने रिश्ते नजर अंदाज़ करा गई

आवाज़ भी न आई टूटने की और ये मुझसे मेरा अस्तित्व ही दूर करा गई

फिर भी...शायद कहीं कोई कमी रह गई

जो ये बहू के हक का प्यार भी बेटी के नाम करा गई

ज़िन्दगी एक रास्ते के बाद, एक नया रास्ता बनाती चली गई!